Manfred Spitzer
Norbert Herschkowitz

PUBERTÄT IST, WENN DIE ELTERN SELTSAM WERDEN

Manfred Spitzer
Norbert Herschkowitz

PUBERTÄT IST, WENN DIE ELTERN SELTSAM WERDEN

Was im Gehirn von Jugendlichen passiert

mvgverlag

Bibliografische Information der Deutschen Nationalbibliothek
Die Deutsche Nationalbibliothek verzeichnet diese Publikation in der Deutschen Nationalbibliografie. Detaillierte bibliografische Daten sind im Internet über https://dnb.de abrufbar.

Für Fragen und Anregungen
info@mvg-verlag.de

Wichtiger Hinweis
Dieses Buch ist für Lernzwecke gedacht. Es stellt keinen Ersatz für eine individuelle medizinische Beratung und Ernährungsberatung und sollte auch nicht als solcher benutzt werden. Wenn Sie medizinischen Rat einholen wollen, konsultieren Sie bitte einen qualifizierten Arzt. Der Verlag und der Autor haften für keine nachteiligen Auswirkungen, die in einem direkten oder indirekten Zusammenhang mit den Informationen stehen, die in diesem Buch enthalten sind.

Ausschließlich zum Zweck der besseren Lesbarkeit wurde auf eine genderspezifische Schreibweise sowie eine Mehrfachbezeichnung verzichtet. Alle personenbezogenen Bezeichnungen sind somit geschlechtsneutral zu verstehen.

Originalausgabe
1. Auflage 2023

Türkenstraße 89
80799 München
Tel.: 089 651285-0
Fax: 089 652096

Dieser Titel erschien 2009 erstmals als Hörbuch beim Galila Verlag unter dem Titel *Pubertät ist, wenn Eltern seltsam werden.*

Die gewählte männliche Form bezieht sich immer zugleich auf weibliche, männliche und diverse Personen. Auf konsequente Mehrfachbezeichnung wurde aufgrund besserer Lesbarkeit verzichtet.

Redaktion: Petra Holzmann
Umschlaggestaltung: Manuela Amode
Umschlagabbildung: Shutterstock.com/ImageFlow, STILLFX
Illustrationen: Shutterstock.com/AVIcon
Layout: inpunkt[w]o, Haiger (www.inpunktwo.de)
Satz: Müjde Puzziferri, MP Medien, München
Druck: Graspo CZ, Tschechische Republik
Printed in the EU

ISBN Print 978-3-7474-0125-5
ISBN E-Book (PDF) 978-3-96121-481-5
ISBN E-Book (EPUB, Mobi) 978-3-96121-482-2

Wir produzieren nachhaltig
www.m-vg.de

Weitere Informationen zum Verlag finden Sie unter
www.mvg-verlag.de
Beachten Sie auch unsere weiteren Verlage unter www.m-vg.de

Inhalt

Was ist das eigentlich: Pubertät?

»Pubertät ist, wenn die Eltern anfangen, schwierig zu werden.« So sieht das aus Sicht der Pubertierenden aus. Aus der Sicht der Eltern ist das andersherum: »Pubertät ist, wenn aus dem lieben Mädchen plötzlich ein furchtbares Biest wird.« Oder: »Wenn der kleine liebe Junge plötzlich zu einem Halbstarken wird, Alkohol trinkt, raucht und überall aneckt.« Pubertierende Jugendliche, das sind schwierige Mitmenschen – zumindest aus Sicht der Eltern und wahrscheinlich auch aus Sicht der Jugendlichen. Sie kommen mit sich selbst nicht mehr so gut klar, sind anders, werden anders, und es gibt Schwierigkeiten.

Doch was ist Pubertät genau? Werden Teenager in der Pubertät verrückt? »Es sind die Hormone«, sagt man da ganz schnell, als sei das so einfach. Und als sei das schon irgendwie selbsterklärend. Ich meine, wenn es die Hormone sind, dann ist die Frage ja nur verschoben. Was machen denn die Hormone? Und vor allem: Wie machen die Hormone, was sie da so machen? Und sind es wirklich einfach nur die Hormone? Die Neurowissenschaft der letzten fünf bis zehn Jahre hat einige sehr interessante Erkenntnisse zu den Veränderungen in der Pubertät hervorgebracht, die, wie ich glaube, sogar praktisch relevant werden können. Wir Wissenschaftler verstehen heute ein bisschen, was während der Pubertät vor sich geht. Vor allem wissen wir, dass die Pubertät nicht einfach auf die Hormone reduziert werden kann. Das ist im Grunde wirklich viel zu einfach.

Die Pubertät ist eine Zeit, in der Veränderungen vor sich gehen, die zunächst einmal körperlich definiert sind. Die primären und sekundären Geschlechtsorgane entwickeln sich, die Behaarung wird anders, die Fettverteilung wird anders und das Verhalten wird anders. Aber auch das Denken und das Erleben. Die Pubertät fängt heute viel früher an als damals. Ein Mädchen hat vor 100 Jahren mit 17 Jahren ihre erste Regelblutung bekommen. Die Mädchen heute haben sie mit neun, zehn oder elf Jahren. Aber warum? Untersuchungen hierzu haben ganz klar gezeigt, dass dies mit der besseren Ernährung zusammenhängt. Mädchen können sich überhaupt erst dann eine Schwangerschaft leisten, evolutionär gesprochen, wenn sie genug Fett auf den Rippen haben, damit sie die unglaublichen Anstrengungen einer Schwangerschaft überleben können. Das wiederum heißt, es macht überhaupt keinen Sinn, eine Regelblutung zu haben, wenn noch kein Fett auf dem Körper vorhanden ist. Umgekehrt, wenn Fett da ist und wenn es ausreicht, um die neun Monate durchzuhalten, dann macht das Sinn. Da heute die jungen Mädchen besser ernährt sind – in großen Teilen der Welt –, bekommen sie ihre Regelblutung viel früher als noch vor 100 Jahren.

Die zwei Phasen: Pubertät und junges Erwachsenenalter

Das Alter zwischen zwölf und 20 Jahren betrachten wir als die wichtige Zeit in der Entwicklung vom Kind zum Erwachsenen. Sie besteht aus zwei Phasen: Zwischen zwölf und 16 Jahren findet bei den meisten Kindern die »Pubertät« statt, also der Übergang zum geschlechtsreifen Alter. Zwischen 16 und 20 Jahren sprechen wir vom »jungen Erwachsenenalter«, in dem nach dem Ende der Pubertätsperiode eine allgemeine, umfassende körperliche und psychische Veränderung eintritt.

Zur ersten Phase: Der wesentliche auslösende Faktor, der die Pubertät einleitet, ist ein Anstieg der Geschlechtshormone. Bei Mädchen steigt der Hormonspiegel von Östrogen, dem weiblichen Geschlechtshormon, zwischen acht und 14 Jahren, im Durchschnitt bei elf Jahren an. Bei Jungen steigt das Testosteron, das männliche Geschlechtshormon, zwischen neun und 15 Jahren, im Durchschnitt bei 13 Jahren. Das Interessante ist, dass sich Mädchen in vielen biologischen Vorgängen früher entwickeln als Knaben. Das sehen wir schon im Mutterleib bei den Föten. Es ist eine ganz allgemeine Beobachtung, dass diese biologischen Entwicklungen bei Mädchen früher kommen. Dass sich besonders das Einsetzen der Geschlechtsreife früher abspielt, glauben wir, steht im Zusammenhang mit der gesamten Lebensweise, zum Beispiel wie schon erwähnt mit der Ernährung.

Zum Anstieg der Geschlechtshormone gehört, dass sich auch die sekundären Geschlechtsmerkmale entwickeln, also Behaarung, Brustbildung, Penisbildung, Vaginaausbildung. Das passiert im Allgemeinen bei Mädchen zwischen acht und 14 Jahren und bei Knaben zwischen neun und 15 Jahren.

Für diese Zeit beobachten wir interessanterweise auch eine Problematik: Dieses Alter zwischen zwölf und 15 Jahren ist eigentlich die gesündeste Periode im menschlichen Leben. Und trotzdem steigt die Mortalität, die Sterblichkeit, in dieser Zeit um über 200 Prozent an. Diese Mortalität ist bedingt durch Risikoverhalten und durch Unfälle. Das hat sehr viel damit zu tun, dass in diesem Alter eine große Freiheit gelebt wird, eine große Autonomie, eine große Beweglichkeit – aber Verantwortungsgefühl und Risikoabschätzungsgefühl noch nicht ausgebildet sind. Und vor allen Dingen in einer Phase, in der das Hirn noch in vollster Entwicklung steht. Als würde man beispielsweise ohne Fahrerfahrung ein Auto mit Supermotor fahren. Und das bringt natürlich Probleme mit sich.

Das zweite interessante Phänomen zur zweiten Phase: Die Phase vom Beginn der Pubertät bis zum Ende des jungen Erwachsenenalters war früher viel kürzer. Sie dauerte nur zwei bis fünf Jahre.

Heute beträgt sie zehn bis zwölf Jahre. Wie kommt das? Hier kommen soziale Faktoren ins Spiel. Zum Beispiel haben noch im Jahre 1911 in englischen Kohlebergwerken zehnjährige Kinder als Vollarbeiter gearbeitet. Das war absolut notwendig, denn sie hatten schon mit zehn, zwölf Jahren Familienverantwortung, Erwachsenenverantwortung. Heute ist das nicht so. Auch mit 20, 25, manchmal bis 30 Jahren hat man keine Familienverantwortung. Treffend umschreibt das die berühmte Bezeichnung »Mammoni«. »Mammoni« ist ein italienischer Ausdruck für die jungen Männer, die bei ihrer Mutter wohnen. Sie sind enorm verwöhnt, haben alles, genießen völlige Freiheit und übernehmen nur höchst ungern Erwachsenenverantwortung.

Baustelle Gehirn: Änderungen der Hirnarchitektur

Wie eingangs erwähnt, vollzieht sich in der Pubertät auch eine Änderung des Verhaltens. Die bisher netten und freundlichen Kinder werden launisch, ihre Freunde sind ihnen wichtiger als ihre Eltern, von denen sie sich oft abschotten und für sie immer unzugänglicher werden.

Nun, warum verändern sich die Kinder, warum nabeln sie sich von den Erwachsenen ab, warum sind ihnen ihre Freunde wichtiger? Warum ist das so? Die mit der Pubertät einhergehenden hormonellen Veränderungen bewirken zunächst einmal tatsächlich eine Verstärkung von bestimmten affektiven Verhaltensweisen. Bei Jungs bewirkt Testosteron mehr Aggressivität. Das ist im Tierreich so und das ist beim Menschen auch so. Beispielsweise sind 95 Prozent aller Mörder männlich.

Aggressivität und Testosteronspiegel lassen sich experimentell tatsächlich miteinander in Beziehung setzen. Die Sache ist dabei nicht so einfach, wie man denken mag. Das Testosteron macht nämlich nicht nur aggressiv. Die Beschäftigung mit aggressiven Inhalten macht auch mehr Testosteron. Wenn man sich zum Beispiel für eine Weile mit einer Spielzeugpistole beschäftigt – im Gegensatz zu einem anderen Spielzeug –, dann steigt der Testosteronspiegel messbar an. Aggressive Gedanken bewirken also eine Verstärkung der Testosteron-Ausschüttung. Das ist übrigens bei anderen Gedanken auch so. Man hat nämlich herausgefunden, dass das Testosteron ebenso nicht nur für eine vermehrte Sexualität verantwortlich ist – nebenbei bemerkt bei Jungs und bei Mädchen beziehungsweise bei Männern und bei Frauen –, man hat auch festgestellt, dass vermehrte Sexualität mehr Testosteron hervorbringt. Wenn man also zum Beispiel auf andere Weise dafür sorgt, dass wieder mehr Sexualität gelebt wird, dann steigt als Folge davon der Testosteronspiegel.

Man hat mittlerweile ganz klar erkannt, dass Hormone keine signaltechnischen Einbahnstraßen darstellen. So wie man das eben oft sagt: »Ja, das sind die Hormone, und die machen das dann alles …« So ist das nicht. Die Hormone bewirken eine ganze Reihe von Veränderungen des Erlebens, des Denkens und des Verhaltens. Und umgekehrt bewirkt dieses Erleben, Denken und Verhalten wiederum eine Änderung der Hormone. Es geht also in beide Richtungen.

Das ist, glaube ich, sehr wichtig und eine wichtige Einsicht der Neurowissenschaft für die Psychologie. Denn die Psychologie hängt nicht nur einfach so als »Ausschwitzung der Nervenzellen« irgendwie hinten dran und ist Epiphänomen oder was auch immer. Nein, die Kausalität geht in beide Richtungen. Die Psychologie macht die Physiologie. Und die Physiologie macht die Psychologie. Man kann sagen: Gehirn und Geist stehen in inniger Wechselbeziehung oder sind zwei Seiten der gleichen Medaille. Man kann nicht sagen, dass das eine vom anderen abhängt.

Betrachtet man die Erkenntnisse der Gehirnforschung zur Gehirnentwicklung der letzten Jahre, so zeigt sich, dass es keineswegs nur die Hormone sind, die für die Veränderungen in der Pubertät verantwortlich sind. Man hat zum Beispiel herausgefunden, dass die Pubertät mit einer neuen Verdrahtung von Gehirnzellen untereinander, mit Änderungen der Verdrahtung und mit einem Weniger von Verbindungen einhergeht. Was heißt das? Man kann heute Messungen anstellen, die die Konnektivität zwischen Gehirnbereichen messen. Das geht auf verschiedene Weise. Man kann einerseits Gehirnstrukturen als auch Verbindungen zwischen bestimmten Arealen, also strukturelle Verbindungen, bildgebend abbilden. Das heißt, man kann Bilder davon machen, wie gut Gehirnbereiche miteinander verbun-

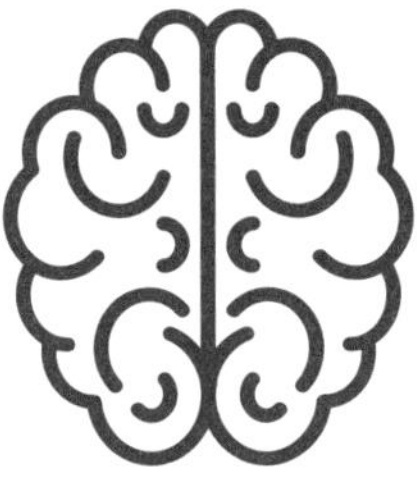

den sind und wie die Güte dieser Verbindungen aussieht: Sind sie sozusagen ganz gerade gerichtet oder sind die Fasern eher ein bisschen krumm, verbogen oder verwurstelt? Ist Letzteres der Fall, können die Informationen zwischen diesen Gehirnbereichen nicht so gut ausgetauscht werden. Man kann sagen, das Gehirn funktioniert dann nicht in der gleichen integrierten Weise. Und wenn das der Fall ist, dann können tatsächlich Funktionen, die vor der Pubertät noch gut funktioniert haben, im Rahmen dieses Reifungsprozesses schlechter werden.

Ein Beispiel: Schon Kinder können Emotionen aus Gesichtern recht gut herauslesen. Man hat nun mit einem entsprechenden »Emotionsherauslesetest« herausgefunden, dass zu Beginn der Pubertät die Fähigkeit, Emotionen aus Gesichtern zu lesen, nicht mehr so gut funktioniert wie vorher. Nach der Pubertät geht es wieder besser, aber diese Fähigkeit wird tatsächlich schlechter. Das heißt, dass Kinder im Pubertätsalter, wenn sie mit einem anderen Menschen sprechen – das kann auch Mutter oder Vater sein –, dessen Emotionen nicht mehr so klar erkennen können. Deswegen sind sie unsicherer oder liegen in ihren Antworten auch mal sehr daneben – auch in ihren emotionalen Antworten. Nicht, weil sie das irgendwie böswillig tun, sondern weil sie schlichtweg ein bisschen analphabetischer, emotional betrachtet, auf den anderen Menschen reagieren. Und das schlichtweg, weil sie es nicht so gut können.

Die Vermutung liegt nahe, dass Änderungen der Hirnarchitektur, die man mittlerweile auch noch auf andere Weise feststellen kann, für diese Dinge verantwortlich sind. So ist das Gehirn eines zum Beispiel acht- oder neunjährigen Kindes relativ gut optimiert. Das Kind kann gut wahrnehmen, verarbeiten, kommt klar und so weiter. Beim Erwachsenen ist das ähnlich, die Art der Funktion ist aber eine andere. Man hat zum Beispiel festgestellt, dass beim Kind Gehirnbereiche, die nah beieinanderliegen, sehr eng miteinander verbunden sind. Beim Erwachsenen hingegen sind Gehirnbereiche, die weit voneinander weg liegen, sehr deutlich und klar miteinander verbunden. Also gibt es irgendwann einen

Übergang, und der liegt in der Pubertät beziehungsweise in der Adoleszenz, also in der Zeit nach der Pubertät. In der Übergangszeit ändert sich also sozusagen die grundlegende Architektur der menschlichen Informationsverarbeitung. Das heißt auch, sie wird schlechter.

Pubertät ist also tatsächlich eine Art knirschender Übergang zwischen dem Funktionsniveau »Kind«, das relativ gut funktioniert, und dem anderen Funktionsniveau »Erwachsener«, das auch gut funktioniert. Aber dieser Übergang – gewissermaßen die Zeit, in der das Gehirn eine Umbaustelle ist – ist eben mit Schwierigkeiten verbunden. Und diese Schwierigkeiten durchleben Pubertierende.

Wenn man sich das erst mal klarmacht, hat man, glaube ich, Verständnis für die Menschen, die sich gerade in der Pubertät befinden. Sie unterliegen eben einer Veränderung, die mit ihnen geschieht. Sie wissen oft selbst nicht genau, was da alles mit ihnen passiert. Und das Letzte, was sie dabei brauchen können, sind prinzipienreitende Eltern, die alles immer sehr krumm nehmen und dann sehr heftig und sehr stark reagieren. Was die Kinder und die Jugendlichen brauchen, ist Verständnis und eine sehr flexible Reaktionsweise – die eben genau nicht auf Prinzipien reitet, sondern immer wieder Verständnis aufbringt und immer wieder versucht, eine Brücke herzustellen. Sie brauchen also Eltern, die immer wieder versuchen, den Draht zum Jugendlichen zu erhalten – was auch immer sie für das Kind bzw. für den Jugendlichen tun. Aus meiner Sicht ist es am wichtigsten, dass dieser Draht nie geopfert wird, sondern dass dieser Draht immer erhalten bleibt. Und wenn das geschieht, dann wird es auch immer irgendwie weitergehen. Und ich kann Folgendes sagen als Vater von fünf Kindern, die die Pubertät durchgemacht haben: Hinterher kommen wunderbare Erwachsene dabei heraus.

Von der Froschperspektive zur Tribünenperspektive

Zu Beginn der Pubertät lernen Kinder abstraktes Denken. Das heißt, dass sie dann vom speziellen, mehr oder weniger gegenständlichen Denken zu einem allgemeinen, beinahe mehr theoretischen Denken kommen. Das heißt: Ein Kind kann vor der Pubertät wirklich empfinden »Mir geht es gut.« oder »Mir geht es nicht gut.«. Oder »Ich bin traurig.« und »Ich bin nicht traurig.«. Das geht so bis zum Alter von zehn, zwölf Jahren. Später folgen dann Begriffe, die eine höhere Bedeutung haben, mehr umfassend, aber auch mehr theoretisch sind, zum Beispiel »glücklich« oder »nicht glücklich«. Das heißt, die Frage »Bist du glücklich?«

kann ein sechsjähriges Kind in diesem Sinne gar nicht verstehen. Und es kann dann auch entsprechend nicht antworten. Mit zwölf Jahren aber macht eine solche Frage Sinn, das Kind versteht die Bedeutung und gebraucht das Wort auch.

Und das hat dann eine wichtige Konsequenz für die Sprache. Die Ausdrücke, die das Kind gebraucht, werden jetzt mehr spezifisch gebraucht, sie werden mehr auf bestimmte Situationen angewandt. Ein Beispiel ist das Wort »Freiheit«. Ein Kind kann nach etwa zehn, zwölf Jahren empfinden, dass es ungerecht behandelt wurde. Dass ein anderer also das Recht verletzt hat. Etwas, was vorher in diesem Sinne nicht empfunden wurde.

Eine weitere Entwicklung des Menschen in diesem Alter ist eine deutliche Zunahme der Gedächtniskapazität. Ein acht- bis zwölf-jähriges Kind kann sehr gut Informationen im Gedächtnis behalten – auch für eine recht lange Zeit. Es hat aber Schwierigkeiten, diese Informationen für die Erfüllung neuer komplexer Aufgaben anzuwenden. Dies entwickelt sich dann zwischen ungefähr 13 bis 18 Jahren. Dann hat das Kind bzw. der Jugendliche auch die Möglichkeit und die Fähigkeit, diese gespeicherten Informationen zu modulieren, zu verändern und anzuwenden auf neue komplexe Aufgaben. Zusammengefasst nennt man das eine »erhöhte Möglichkeit des Arbeitsgedächtnisses«. Das heißt, dass man das Gedächtnis anwenden kann bei neuen Problemen. Oder wie der Neuropsychologe Hans J. Markowitsch so schön erklärte: »Arbeitsgedächtnis ist Arbeiten mit Gedächtnis.«

Das möchte ich an einem Beispiel kurz erläutern: Ein Grundschüler hat Zeichnen, Lesen und diese anderen elementaren Tätigkeiten gelernt. Er kann sie aber noch nicht anwenden auf theoretische Begriffe wie zum Beispiel »Geometrie«. Sein Gedächtnis anwenden, um neue komplexe Aufgaben lösen zu können, kann er erst in der weiterführenden Schule. Was auch wieder ein klares Beispiel für die Ausweitung des Arbeitsgedächtnisses ist. Wenn er in der Oberstufe ist, also etwa mit 16, 18 Jahren, kommen neue Möglichkeiten dazu, zum Beispiel logisches Denken oder logisches Erfassen von Prinzipien. Beispielsweise beim Begriff »Übergewicht«. Übergewicht ist etwas, was man gut kennt. Man ist zu dick oder nicht zu dick. Aber jetzt kommt das Wissen dazu, dass Übergewicht eine Konsequenz haben kann; dass man bei Übergewicht eben auch Kreislaufschwierigkeiten hat oder Herzprobleme. Das ist also eine logische Konsequenz des Übergewichts. Das heißt, dass jüngere Schüler mit Übergewicht vor allen Dingen darunter leiden, dass sie von ihren Mitschülern gehänselt werden – während sie im höheren Alter realisieren, dass das Übergewicht ihrer Gesundheit ganz allgemein schadet und ihre Möglichkeiten damit auch eingeschränkt werden.

Die Fähigkeit, ein Problem aus verschiedenen Perspektiven zu betrachten, nimmt im Alter zwischen 15 Jahren und 16 Jahren deutlich zu. Bildlich gesprochen schaut ein Kind unter 15 Jahren aus der Froschperspektive auf die Welt. Ein Jugendlicher über 15 Jahren hingegen überblickt das Geschehen sozusagen von einer erhöhten Tribüne aus. Und er kann seinen geistigen Standpunkt wechseln. Lehrer können das leicht beobachten. Ein Unterstufenschüler nutzt nur eine Strategie, um ein Problem zu lösen. Beispielsweise lernt er einen bestimmten Prüfungsstoff auswendig. In der Oberstufe probiert der Schüler selbstständig mehrere Strategien aus, um eine Aufgabe lösen zu können. Beispielsweise wird er mehrere Möglichkeiten suchen, diese aus unterschiedlichen Blickwinkeln betrachten und auch erkennen, dass ein Problem mehrere Lösungen haben kann. Der Unterschied, wie ein 14-Jähriger und ein 18-Jähriger auf die Welt blickt, ist also groß und sollte von Eltern und Lehrern berücksichtigt werden.

Selbstkontrolle lernen: »Ja, ich kann das!«

Die Neurobiologie hat gezeigt, dass Schlaf und Lernen eng miteinander verbunden sind. Wie wir nun wissen, wird in der Phase der Pubertät das Gehirn umgebaut, und es gibt in dieser Zeit sehr vieles, was man neu lernt. Es werden ja auch aufgrund der Hormone neue Erfahrungen gemacht. Und dabei gibt es unglaublich viel zu lernen. Plötzlich werden Sozialkontakte wichtiger. Man hat dann den Eindruck, in der Schule geht es weniger um Arithmetik oder Geometrie, sondern vor allem, und das den ganzen Tag, wer mit wem warum und wieso. Und wer kann mit wem besser oder schlechter? All das wird gelernt. Und wenn viel gelernt wird, muss auch viel geschlafen werden, weil im Schlaf das nachverarbeitet wird – post processing offline sozusagen –, was tagsüber gelernt wurde. Wer kennt sie nicht, die Jugendlichen, die morgens einfach nicht aus den Federn kommen! Nun gibt es auch Hinweise dafür, dass sich bei Pubertierenden möglicherweise sogar die ganze innere Uhr etwas verzögert. Man kann aber umgekehrt auch sagen, dass dies vielleicht daran liegt, dass viele Aktivitäten nach der Schule vor allem in den Abend hinein verlagert werden. Und die Medien das Ihrige tun, dass die Jugendlichen abends nicht den Weg in den Schlaf finden. Dass sie dann morgens nicht aus dem Bett kommen, ist auch klar.

Man könnte sich nun überlegen, dass man die Schule für bestimmte Altersstufen einfach später beginnen lässt. Wenn man die Schüler jedoch fragt, äußern sie sich mehrheitlich gegen diese Strategie. Sie spüren irgendwie, dass dies das Problem nur verschieben würde. Sie würden dann noch später aufstehen und noch länger schlafen und noch später ins Bett gehen. Die ganze Uhr würde sich also verschieben. Und vor allem würde sie sich noch weiter von der der Erwachsenen entfernen, die abends müde sind, weil sie früh raus müssen, weil nun mal das allgemeine Geschäftsleben früh beginnt.

Was man nun inzwischen auch weiß, ist, dass nicht nur Licht als Zeitgeber für die menschliche innere Uhr wirkt, sondern auch soziale Kontakte Zeitgeber sind. Wenn also die Schule so spät beginnen würde, dass das gemeinsame Frühstück mit Vater und Mutter nicht mehr funktionieren würde, weil die schon längst in der Arbeit sind, dann würde ein wichtiger Zeitgeber, das heißt, ein wichtiger Zurücksetzer für die innere Uhr zusätzlich fehlen. Und damit wäre dem Langschläfertum und dem Nachtschwärmertum noch mehr Vorschub geleistet. Und das wäre vielleicht nicht so gut.

Betrachtet man Pubertät unter dem Gesichtspunkt der Gehirnentwicklung, so ist wichtig zu wissen, dass sich vor allem das Frontalhirn noch während dieser Zeit heftig entwickelt. Vor Jahrzehnten dachte man noch, dass bei Kindern mit sieben oder acht oder neun Jahren das Gehirn letztlich fertig entwickelt sei. Die neueren Studien hierzu zeigen jedoch – je neuer die Studien sind, desto stärker zeigen sie es –, dass es viel länger dauert, bis unser Gehirn tatsächlich fertig ist. Die meisten Fachleute sind sich heute einig, dass sich das Gehirn noch bis zum 20., 25. oder 30. Lebensjahr entwickelt. Und es gibt Berichte, die besagen, dass wohl erst mit 60 Jahren die Gehirnentwicklung abgeschlossen ist.

Das Frontalhirn ist für das Arbeitsgedächtnis, also für das Überlegen, Planen, für das Verfolgen von Zielen und für das Zurückstellen von unmittelbar gleich gewollten Bedürfnisbefriedigungen von besonderer Bedeutung. Mein Frontalhirn sagt mir: »Nein, jetzt keine Schokolade essen« – auch wenn ich es gerne täte –, weil ich langfristig mein Gewicht halten will. Mein Frontalhirn erlaubt mir also, aus dem Hier und Jetzt auszusteigen und die Zukunft in Rechnung zu stellen. Und eben nicht nur im Hier und Jetzt zu sein, sondern mich so zu verhalten und mein Leben so zu planen, dass ich langfristig besser dran bin, als wenn ich das eben nur aufgrund des Jetzt und Hier immer neu entscheide. Mit dem Heranreifen des Frontalhirns ergibt sich also immer mehr die Möglichkeit, sich vernünftig, planvoll und kontrolliert zu verhalten.

Diese Kontrolle kann schon früh eingeübt werden. Und es ist wichtig, dieser Kontrolle sozusagen Raum zu geben. Kinder und Jugendliche müssen erleben können: »Ja, ich kann das.« Sie müssen erleben können, dass, wenn sie etwas tun, das Ganze auch einen Effekt hat. Und wenn sie etwas, was sie unbedingt jetzt gleich machen wollen, mal hinten anstellen, sie dann möglicherweise auch mehr Effekt und ein besseres Ergebnis langfristig haben.

Psychologen sprechen hierbei von »Selbstkontrolle«. Der Effekt ist dann »Selbstwirksamkeit«, im Sinne von: »Ich kann etwas bewirken, wenn ich mir nur Mühe gebe.« Und dieses Erlebnis – »Ich gebe mir Mühe und dann schaffe ich etwas« – ist für die weitere Entwicklung von Jugendlichen und sozusagen für deren Motivation »Ja, ich kriege das schon hin« ganz wesentlich. Wer nämlich immer wieder solche Erlebnisse hat, der wird langfristig lernen: »Ich bin der Herr meiner Geschicke und ich kriege das schon hin. Ich kann mein Leben in die Hand nehmen, ich kann es bestimmen.« Und wer immer wieder das Gegenteil erlebt, wird langfristig zurückgezogen, frustriert, er wird dumpf, depressiv, ängstlich und wird sein Leben ganz schlecht meistern.

Menschen haben eine unterschiedliche genetische Ausstattung. Schon bei Vierjährigen, denen man sagt »Du hast hier ein Stückchen Schokolade. Ich gehe kurz zur Tür raus. Und wenn ich zurückkomme und das Stückchen Schokolade immer noch da liegt, dann gebe ich dir zwei Stückchen Schokolade«, gibt es Unterschiede in der Reaktion. Manche essen die Schokolade auf. Andere wiederum warten und freuen sich, dass sie dann zwei Stücke essen können. Man kann zeigen, dass diese schon früh angelegte Fähigkeit sich zeitlebens durchzieht. Man kann aber auch zeigen, dass diese Fähigkeit trainierbar ist. Nicht mit erhobenem Zeigefinger und mit Druck: »Pass auf, wenn du das jetzt aufisst, dann gibt es aber Hiebe hinterher.« Nein, so klappt es nicht. Aber man kann es vielleicht mit einer kürzeren Zeitspanne noch einmal versuchen und dann mit Freude und mit Spaß, dann gelingt vielleicht der Verzicht. Und danach kann man die Zeit ein bisschen weiter ausdehnen und so weiter. So kann es funktionieren. Und so kann dann auch jemand, der vielleicht von seiner Genetik her diesen Verzicht auf unmittelbare Bedürfnisbefriedigung nicht so gut leisten kann, lernen, ihn zu leisten. Mithilfe der Selbstkontrolle und damit auch später der Selbstwirksamkeit und dem Erleben: »Ja, ich kann was.«

Das ist ein bisschen so wie mit der Sprache. Wir alle kommen mit der Fähigkeit zu sprechen auf die Welt. Ob wir sie aber dann lernen, und wie sie im Einzelnen ausgeprägt ist, das hängt von der Umgebung ab. Und genauso hängt es von der Umgebung ab, ob und inwieweit wir lernen, Herr über uns selbst zu sein – fördert oder verhindert unsere Umgebung das? Von ihr hängt es ab, ob wir Spielball unserer Bedürfnisse und unserer Triebe sind. Eine wichtige Rolle hierbei spielen wiederum andere, sie sind das Kollektiv. Wenn ich mich beispielsweise anderen gegenüber ungünstig verhalte, das heißt vielleicht egoistisch oder gar aggressiv, dann bekomme ich entsprechende Reaktionen zurück. Wer nun immer lernt, aggressiv zu sein und sich nur mit Aggressivität durchsetzen zu können, dem wird sozusagen von seiner entsprechenden Umgebung Aggressivität antrainiert. Wer hingegen das wechselseitige Achten, das Aufeinanderhören, das mal Stillsitzen und dem anderen Zuhören und dann wiederum das Erwidern lernt, wer lernt, dieses Wechselspiel zu leben und sich so zu steuern, dass dieses Wechselspiel im Miteinander funktioniert, der hat wichtige Fähigkeiten gelernt, die er zeitlebens gut brauchen kann. Auch diese Fähigkeiten werden früh angelegt und in der Pubertät noch stärker gebraucht. Sie werden da auch noch stärker gelernt. Oder können eben auch fehlgeleitet werden. Wer zum

Beispiel vor allem aggressive Musik hört, der wird aggressiver sein. Und wer, auch das haben Experimente gezeigt, vor allem Musik mit Texten hört, die prosoziale Inhalte haben, der wird eher prosozial auf andere reagieren. Es ist nicht egal, was man in dieser Zeit der Pubertät tut, mit welchen Gedanken man sich beschäftigt und mit welchen Umgebungen man sich umgibt. Das Ganze hat großen Einfluss darauf, was letztlich während der Pubertät in der Baustelle Gehirn geschieht und wie letztlich die Baustelle am Ende in einem fertigen Gebäude resultiert.

Bei den Vorbereitungen für dieses Buch hatten wir gerade in Deutschland eine ganze Reihe von schrecklichen Taten: Amokläufe, bei denen Jugendliche andere Jugendliche töteten, sich selbst töteten oder sich unglaublich aggressiv verhielten. Kann man das erklären? Nun, zunächst einmal kann man Einzelfälle nicht erklären, aber schrecklicherweise ist es mittlerweile so, dass man sogar über Amokläufe Statistiken erheben kann. Weil es schon genügend gibt, besonders wenn man zum Beispiel über den großen Teich schaut und die Fälle in Amerika und Deutschland zusammennimmt. Dann stellt sich heraus, dass es oft Jungen in einem Alter waren, um das es hier geht. Es waren Jungen, die sich schon mit Gewalt beschäftigt haben, die schon viel Gewalt trainiert haben, eine Außenseiterrolle hatten und die heftig frustriert worden waren. Denen war also klar: »Ich schaffe es nicht.« Oder denen wurde klargemacht: »Du schaffst es nicht.« Sie haben Selbstwirksamkeit nicht erfahren und dann Selbstwirksamkeit imaginiert: »Ich kann das schon. Und ich kann sogar in der realen Welt ein Spiel im Gottmodus spielen, das ich schon vorher ganz viel und ganz schrecklich virtuell gespielt habe.« Wie kommt es, dass das Jungen sind? Nun, hier spielt sicherlich das Hormon Testosteron eine Rolle. Es spielen aber auch Rollenbilder eine Rolle, die unsere Gesellschaft gerade multimedial derzeit heftig fördert. Wir sollten uns überlegen, ob wir den Jugendlichen nicht andere Umgebungen als Ballercomputerspiele, Gewaltfilme et cetera zur Verfügung stellen können, mit denen sie ihre Baustelle, ihre ganz private eigene Baustelle zu Ende bauen können. Umgebungen, die mit Inhalten versehen sind, die prosozialen Charakter haben und die nicht darauf hinauslaufen, dass man zur Durchsetzung seiner eigenen Interessen Gewalt ausübt – bis dahin, dass man die Axt nimmt und Mitschüler erschlägt.

Die innere Motivation als Mittel der Selbststeuerung und der Selbstkontrolle

Das bisherige Konzept der Verhaltenssteuerung beruhte auf Belohnung und Bestrafung, also auf äußeren motivierenden Faktoren. Was belohnt wurde, wurde im Verhalten dann häufiger angewendet. Was bestraft wurde, wurde im Verhalten selten angewendet. Das waren äußere Motivationen. Heute wissen wir, dass mindestens so wichtig, wenn nicht sogar wichtiger die inneren Motivationen sind, die unser Verhalten steuern. In der Schule ist also das, was Bedeutung für den Schüler hat, was für ihn Sinn macht und was er ohne äußeren Zwang von sich aus, aus einer inneren Motivation heraus macht, schlussendlich das Entscheidende. Es geht nicht darum, immer wieder zu sagen: »Das sollst du nicht machen.« Oder: »Das solltest du machen.« Sondern darum, dass man den Schüler mehr und mehr dazu bringt, dass er Aufgaben und Schwierigkeiten auch aus einer inneren Motivation heraus in Angriff nimmt. Denn das ist eine der wichtigsten Fähigkeiten, die wir unseren Kindern beibringen können: die Fähigkeit der Selbststeuerung.

Wie kommt diese zustande? Ich möchte hier aus einem Brief zitieren, den ein 13-jähriger Schüler, der mit zwei Jahren als sehr ängstlich bezeichnet wurde, geschrieben hat. Er wurde im Alter von 13 Jahren gefragt, wie das jetzt mit seiner Ängstlichkeit sei, und er antwortete per Brief: »Ich habe gelernt, dass Ängstlichkeit meine persönliche Art ist, auf eine Situation zu reagieren. Und dass die Reaktion eines anderen Menschen auf die gleiche Situation völlig anders sein kann. Die Ursache meiner Angst liegt also nicht in der Situation selber, sondern in mir. Als ich das realisiert habe, konnte ich viele meiner Ängste überwinden.«

Hier sehen wir die Bedeutung des Temperaments, das heißt die Empfänglichkeit eines Menschen für ein bestimmtes Gefühl, in dieser wichtigen Frage der Selbststeuerung. Und wir sehen damit auch Möglichkeiten, wie man selbst etwas erreichen kann. Denn häufig hat man Angst oder glaubt, dass man etwas auf keinen Fall erreichen kann, bis man realisiert, dass es nicht das Problem an und für sich ist, sondern die eigene Haltung, die man zu diesem Problem hat.

Die Fähigkeit zur Selbststeuerung beginnt im frühen Schulalter, sie nimmt aber mit der Pubertät ganz enorm zu, sie wird dann immer mehr und mehr bewusst und immer häufiger eingesetzt. Und sie ist nicht mehr abhängig von äußeren Bedingungen. Sie ist also nicht mehr davon abhängig, ob man beobachtet wird und dann je nachdem positiv oder negativ beurteilt wird, sondern davon, ob man aus der inneren Motivation heraus handelt.

Wenn eine Aktivität für ein Kind Sinn macht und Freude bringt, sind das die wesentlichen

Faktoren, die sein Gehirn motivieren, sich einzusetzen und anzustrengen. Dass Schulleistungen dann direkt besser wurden, haben Studien gezeigt. Diese Selbstmotivation ist natürlich auch eine wichtige Voraussetzung für ein selbstständiges Arbeiten, das dann ohne Zwang stattfinden kann. Interessanterweise ist Selbstmotivation nicht ausschließlich von der Intelligenz abhängig, sondern ebenso wichtig sind Sinn und Freude – auch für Kinder mit etwas weniger Intelligenz. Das konnte ganz klar gezeigt werden. Deshalb ist es so wichtig, dass wir diese innere Motivation wirklich pflegen und Möglichkeiten dazu geben!

Das bringt mich jetzt zum Thema »Schulleistungen und sozialer Status des Kindes und seiner Eltern«. Es konnte in Studien sehr klar gezeigt werden – das gilt für Österreich, für Deutschland, für die Schweiz und auch für andere Länder –, dass Arbeiterkinder eher Arbeiterkinder bleiben und Akademikerkinder an die Uni gehen werden. Dass also ihr Lebenslauf praktisch vorbestimmt ist. Was aber häufig noch zu wenig berücksichtigt wird, ist die Tatsache, dass 20 Prozent der Kinder trotz niederen sozialen Status, trotz sogenannter bildungsferner Eltern einen absolut ausgezeichneten Schulabschluss oder einen ähnlichen wie die bildungsnäheren Kinder erreichen können.

Man könnte in diesem Zusammenhang den Ausdruck der Resilienz, der Widerstandsfähigkeit gegen widrige Umstände, anbringen. Ich glaube, es ist wichtig, dass uns Folgendes bewusst ist: Wir sind weder Sklaven unserer Vererbung noch Totalsklaven unserer sozialen Umwelt. Hierfür möchte ich folgende Studie anführen – als für mich interessantes Beispiel –, die in Deutschland erarbeitet wurde. Deutschland hat eine große Einwanderung verschiedenster Kulturen erlebt. Und die Kinder dieser Einwanderer haben natürlich alle das Recht, am Schulunterricht teilzunehmen. Es wurde nun in der Studie untersucht, wie viel Prozent dieser Einwandererkinder auf ein Gymnasium gehen. Die Zahl aller Einwandererkinder wurde dann verglichen mit der Zahl von deutschen Kindern deutscher Eltern. Und das unerwartete und hochbedeutsame Resultat war, dass die höchste Anzahl der Kinder, die auf Gymnasien gingen, die der Einwandererkinder aus Vietnam waren. Über 50 Prozent von ihnen gehen aufs Gymnasium. Die Zahl der Kinder aus Deutschland liegt deutlich unter 50 Prozent. Nach der Anzahl gestaffelt, ergeben sich systematische Abnahmen der Zahlen von Kindern aus Vietnam, von Deutschen, Russen, Spaniern, Italienern, Türken. Noch interessanter ist, dass es bei den Vietnamesen die Südvietnamesen sind, die in einer Konfuziuskultur leben. Und dann wurde beobachtet, dass die südvietnamesischen Eltern mit ihrer Familie auch zu sechst in einem kleinen Raum wohnen können. Die Kinder leben also unter schwierigsten sozialen Umständen mit sogenannten bildungsfernsten Eltern, die man sich vorstellen kann. Doch etwas ist faszinierend: In diesen überfüllten Wohnungen ist immer eine Ecke auf einem Tisch frei, damit das Kind dort lernen kann. Diese Ecke ist für das Kind reserviert.

Wir müssen also schon aufpassen: Grob spielt der soziale Status natürlich eine große Rolle, aber er bestimmt nicht einfach alles.

Ich wiederhole es noch einmal: Wir sind nicht Totalsklaven unserer Gene und nicht Totalsklaven unserer Umwelt. Wir haben vielmehr die Möglichkeit, uns mit unseren Genen und mit unserer Umwelt aktiv auseinanderzusetzen. Ich habe schon Selbstkontrolle und Selbstwirksamkeit erwähnt. Betrachten wir diese beiden noch einmal genauer.

Wenn ich Kontrolle ausübe über mein eigenes Verhalten und langfristige Ziele verfolge, und wenn das funktioniert, dann werde ich meine Ziele auch erreichen. Das löst bei mir Glücksgefühle aus. Und diese Glücksgefühle wiederum, das hat die Neurobiologie ganz klar festgestellt, sorgen für eine Art Beregnung des Frontalhirns mit dem Botenstoff Dopamin. Der übermittelt keine Informationen, er sorgt vielmehr dafür, dass das Frontalhirn besser funktioniert. Er sorgt also genau dafür, dass das, was für seine Freisetzung gesorgt hat, noch besser funktionieren kann. So kann ich mich also nach Münchhausen-Art gewisserweise selbst aus dem Sumpf herausziehen.

Eine glückende Selbstkontrolle bewirkt, dass Selbstkontrolle besser funktioniert. Und wenn sie dann besser funktioniert, dann glückt sie mit größter Wahrscheinlichkeit noch besser und bewirkt somit noch mehr Selbstkontrolle und Selbstwirksamkeit. Das Problem ist nur: Ich muss einmal die Möglichkeit haben, damit anzufangen. Und dieser Anfang darf nicht sehr schwer sein.

Betrachten wir ein Beispiel. Wenn ich ein Musikinstrument lerne, dann lerne ich, dass es besser wird, wenn ich ein bisschen übe. Ich höre sofort, dass es besser geht. Und sobald es besser geht, klingt es auch besser, und deswegen macht es auch Spaß. Ich lerne aber auch gleichzeitig: »Mensch, wenn du trainierst, dann wirst du besser.« So kann das Erlernen eines Musikinstruments mir beispielsweise so viel Freude und Selbstwirksamkeitserlebnisse vermitteln, dass ich dadurch auch anderes ganz gut lernen kann. Denn ich habe gelernt: »Lernen bringt mich weiter.«

Jetzt werden Sie sagen: »Ich bin aber unmusikalisch.« Nun, es muss ja nicht Musik sein, Sie können auch Theater spielen. Sie können auch irgendeiner sportlichen Tätigkeit nachgehen. Sie können Jonglieren lernen oder Seiltanzen oder Tanzen oder etwas anderes. Wichtig ist, Sie müssen es selber wollen und Sie müssen es versuchen. Und es muss ihnen tatsächlich Spaß machen. Und wenn es dann besser klappt, wird es noch mehr Spaß machen. Die Tätigkeit muss von vornherein so angelegt sein. Wenn man das schafft, dann trainiert man etwas ganz Allgemeines, nämlich das Motiviertsein. Ich lerne dann: »Ja, ich kriege das hin. Und es wird immer besser, wenn ich mir nur Mühe gebe.« Und dann wird sozusagen gelernt: »Mühe wird belohnt.« Und wenn ich das gelernt habe, dann kann ich das natürlich überall anwenden und bin einfach jemand, der auch mal eine Durststrecke durchsteht, weil er weiß: »Hinterher geht es mir umso besser. Und hinterher habe ich dann etwas erreicht.« Dann werde ich zu jemandem, der auch mal einen Berg hinaufgeht. Der schwitzt, weil er weiß: »Oben fühle ich mich besonders gut.« Ich werde zu jemandem, der auch mal joggt, weil er weiß: »Hinterher fühle ich mich besonders wohl.« Ich werde zu jemandem, der auch mal hart an etwas übt, weil er weiß: »Hinterher kann ich es besonders gut.«

Menschen, die diese Erfahrungen nie gemacht haben, werden eher von der Umwelt und von den Genen und von allem Möglichen durchgeschüttelt und sind Spielbälle wie Blätter im Herbstwind. Sie sind nicht die Herren ihrer Geschicke, sondern erleiden ihre Geschicke. Ich glaube, es ist wichtig, sich klarzumachen, dass das nicht gottgegeben oder gar durch die Genetik gegeben ist. Es liegt an uns, und zwar an uns Erwachsenen, die Randbedingungen des Aufwachsens der nächsten Generation so zu setzen, dass jeder eine Chance hat, Selbstkontrolle ausüben zu können und Selbstwirksamkeit – in dem Sinne, wie ich es eben versucht habe darzustellen – zu erlernen.

Das Stirnhirn und die Gefühle

Ich habe über Verhalten und die Entwicklung des Verhaltens geschrieben. Wir müssen uns aber bewusst sein, dass das Gehirn dem Verhalten zugrunde liegt. Das Gehirn ist notwendig zum Verständnis unseres Verhaltens, aber alleine auch nicht hinreichend. Es braucht die sozialen und psychologischen Bedingungen dafür.

Das Stirnhirn hängt auch mit Lernen, mit Erinnern, mit Gefühlen zusammen. Es hat insofern eine besondere Stellung, weil es nicht selber Aktivitäten einfädelt, sondern die ganzen Informationen, die im Hirn verarbeitet werden, zusammenfasst und integriert. Damit hat es eine entscheidende Rolle bei den Verhaltensweisen, die wir besprochen haben. Im Pubertätsalter nimmt die Vernetzung des Stirnhirns mit dem ganzen restlichen Teil des Gehirns eine besondere Stellung ein.

In diesem Buch, das die Entwicklung des Gehirns und des Verhaltens zwischen zwölf und 20 Jahren beschreibt, möchte ich auf drei prinzipielle Phasen der Hirnentwicklung hinweisen:

In der Kindheit findet ein intensives Blühen der Synapsen statt. Das heißt, dass in diesen Jahren eine enorme Zunahme der Kontaktstellen zwischen den Nervenzellen stattfindet. Und die ermöglicht, dass das Kind die Umwelt verstehen kann.

In den Schuljahren, die ein organisiertes, strukturelles Lernen beinhalten, nimmt die Zahl der Synapsen ab. Es findet ein Stutzen der Synapsen statt. Und wie bei einem Baum wird das auch verwendet, um »die Früchte des Baumes« besser zu entwickeln. Lernen in dieser Zeit ist also nicht bedingt durch eine weitere und weitere Zunahme der Synapsen, sondern durch eine selektive Abnahme und durch eine Festigung derjenigen Synapsen, die wichtig sind, um das Gelernte zu behalten.

In der dritten Phase und hauptsächlich in dieser Pubertätsphase geht es darum, die großen Verbindungsbahnen zwischen den Hirnarealen zu verstärken. Jetzt geht es nicht nur um die kurzen Verbindungen der Synapsen, sondern um die langen Verbindungen, die alle Regionen des Gehirns verbinden und zu einem großen Netzwerk machen – und damit die Kapazität des Hirns wirklich erweitern, sodass das ganze Gehirn eingesetzt werden kann.

Jetzt werden zum Beispiel auch ganz bestimmte Hirnareale besonders entwickelt. Eines ist, wie ich schon erwähnt habe, das Stirnhirn. Somit werden Entscheidungen in dem Alter mehr und mehr bewusst gefällt, Planen und Durchführen ist effizienter machbar, Impulskontrolle wird möglich, und vor allen Dingen werden auch

Abstraktionen möglich. Das geschieht im oberen Teil des Stirnhirns. Der untere Teil, der quasi direkt über den Augen liegt, aber immer noch Stirnhirn ist, hat eine andere Funktion. In diesem unteren Teil des Stirnhirns werden hauptsächlich die unbewussten Entscheidungen und die sozialen Signale der Umwelt verarbeitet. Während im oberen Teil, kurz ausgedrückt, Denken im Vordergrund steht, sind es im unteren Teil Gefühle. Das bringt mich jetzt auf ein allgemeines Missverständnis: Gefühle sind nicht im Bauch, Gefühle werden verarbeitet im Gehirn und vor allen Dingen in diesem Stirnhirn.

Während der Pubertät treten bei Jungen und Mädchen Gefühle auf, die sie früher nicht kannten. Gefühle für einen anderen Menschen, Liebe, sexuelles Begehren, all das ist plötzlich neu und stiftet Verwirrung. Es führt dazu, dass sich die Pubertierenden nicht mehr gut konzentrieren können, weil sie ja dauernd an irgendetwas anderes beziehungsweise an irgendeinen anderen Menschen denken müssen. Studien haben gezeigt, dass Pubertierende tatsächlich an vieles andere denken und nicht gerade an die Algebra oder an irgendetwas anderes, worum es in der Schule gerade geht. Pubertierende müssen lernen, mit diesen Gefühlen irgendwie umzugehen. Das heißt letztlich, dass sie lernen müssen, diese Gefühle in ihr anderes Geistesleben zu integrieren. Sie müssen sie also in Beziehung bringen mit dem, was sie ansonsten tun, denken, planen und handelnd vollbringen – damit sie nicht von ihren Gefühlen durcheinandergeschüttelt werden, sie dann irgendwie loswerden wollen, verdrängen oder in irgendeiner anderen Weise pathologisch verarbeiten wollen oder müssen. Nein, sie müssen lernen, mit diesen Gefühlen kreativ, vernünftig, positiv, sinnvoll und vielleicht sogar planvoll umzugehen.

Das ist ein sehr schwieriger Prozess und setzt voraus, dass Denken und Fühlen immer wieder zusammengebracht werden. Aber das ist besonders deswegen schwierig, weil sie manchmal Widersacher zu sein scheinen. Vielleicht hilft ja dann der neurobiologisch motivierte Gedanke, dass Gefühle und Denken eigentlich keine Widersacher sind, sondern Gefühle letztlich das Denken leiten können und uns oft mit Bauchentscheidungen ganz gute Dienste leisten – gerade bei Fragen, die so kompliziert sind, dass wir sie rational gar nicht entscheiden können, wie: »Was soll ich mal werden?« »Mit wem soll ich mich langfristig einlassen?« Hand aufs Herz, diese Entscheidungen sollen wir Menschen in einem Alter fällen, in dem wir eigentlich noch viel zu jung sind, um die Konsequenzen solcher Entscheidungen für unser gesamtes weiteres Leben zu überblicken, das heißt, wir sind eigentlich zu jung, um diese Entscheidungen rational zu fällen. Die Natur hat sich deswegen Tricks einfallen lassen, sodass wir uns zum Beispiel trotzdem auf eine Beziehung einlassen. Der rationale Mensch würde das gar nicht tun, denn er würde sich immer überlegen, dass er vielleicht noch einen besseren Partner finden könnte. Und vielleicht könnte er sich mit dem besseren Partner noch besser reproduzieren, die Chance seiner Gene in Zukunft noch besser maximieren. Und deswegen sollte er das jetzt erst mal sein lassen. Und deswegen macht er das Ganze später.

Wenn sich genau diese Strategie langfristig durchgesetzt hätte, dann wären wir Menschen längst ausgestorben. Deswegen gibt es diesen Trick der Natur: Menschen verlieben sich. Und wenn sie das tun, dann wird der Suchraum nach einem Partner plötzlich von der Hälfte der Menschheit auf einen einzigen Menschen eingeengt. Er schnurrt praktisch oftmals in einer Sekunde in dem berühmten Augenblick unendlich zusammen auf eben dieses eine Wesen, auf das sich die Liebe dann konzentriert. Insofern erfüllt die Liebe eine ganz wesentliche Funktion. Sie sorgt nämlich dafür, dass es auch tatsächlich zur Reproduktion kommt und nicht zu einem dauernden Abwägen und In-Rechnung-Stellen von vielleicht noch besseren Gelegenheiten und Situationen. Die Liebe bedient sich dabei eines Systems, das eigentlich ganz andere Funktionen hat. Das uns nämlich belohnt und uns lernen lässt, was alles gut für uns ist. Und genau dafür haben wir bestimmte Systeme in unserem Gehirn, die uns das anzeigen. Sie machen uns ein gutes Gefühl, aber sie sorgen auch für rasche Lern-

prozesse. Genauso geht es auch umgekehrt: Wir haben ein System, das uns alles lernen lässt, was ganz schlecht für uns ist. Es macht uns Angst und wir vermeiden es in Zukunft. Es ist sehr wichtig, denn nur so können wir langfristig überleben. Zum Überleben brauchen wir aber auch das, was für uns zuträglich und gut ist. Und genau dieses System wird auch in der Liebe aktiv. Es beflügelt uns. Es verschafft uns wirklich sehr gute Gefühle. Und das ist das, was die Liebe ausmacht und was uns dazu bringt, uns in eine langfristige Beziehung zu begeben. Die dann, wenn es gut klappt, der Reproduktion dient und für uns Menschen letztlich zu einer sehr befriedigenden Lebensweise führt.

Die Verbindung von Wissen und Fühlen

Zwischen sieben und 15 Jahren wird besonders ein Teil des gesamten Gehirns entwickelt, und zwar das Schläfengehirn. In diesem Schläfengehirn werden vor allen Dingen Assoziationen verarbeitet. Zwischen 16 und 20 Jahren werden dann im Stirnhirn Assoziationen und Kenntnisse integriert zu einem Ganzen.

Wie schon gesagt, zwischen sieben Jahren und 20 Jahren haben wir zwei ganz wichtige Entwicklungsstufen. Ein Gymnasiast, der älter als zwölf, 13 Jahre ist, sieht die ganze Welt viel mehr als ein Ganzes, weil sein Frontallappen so entwickelt und mit dem ganzen Gehirn verbunden ist. Er integriert seine Erkenntnisse, er fasst sie zusammen. Und damit beginnt er auch, die Welt zu verstehen. Und in dem Zusammenhang schauen wir, was das Netzwerk als Ganzes leistet. Dieses Netzwerk hat eine lange Entwicklung. Sie beginnt ungefähr mit sechs Jahren und dauert mindestens bis zum Alter von 15 Jahren. Ich spreche jetzt nur von der Entwicklung, also einer langsamen Entwicklung. Zum Beispiel sieht man bei Menschen zwischen zehn Jahren und 20 Jahren, wie die einzelnen Hirngebiete vernetzt werden – beginnend in der Pubertät. Damit hat das Gehirn auch vermehrt Möglichkeiten, um die Welt zu erfassen. Dieses Netzwerk muss man sich bildlich vorstellen wie ein Internetnetzwerk, das die ganze Welt umfasst und als Ganzes auch funktioniert. Besonders schön zeigt sich das bei der Verbindung von Gehirnzentren, die eher mit den kognitiven Wissensfunktionen und den emotionalen Gefühlen zu tun haben. Das kann man messen, indem man auf die »Verbindungskabel« schaut und feststellt, wie gut ihre Isolierung zugenommen hat. Die Isolierung ist gebunden an eine Struktur, die wir Myelin nennen. Dieses Myelin hüllt die langen Nervenbahnen ein. Und je mehr Myelin um eine Nervenbahn vorhanden ist, also je stärker die Isolierschicht ist, desto rascher und effizienter funktionieren diese Verbindungen.

Nun hat man festgestellt, dass zum Beispiel Verbindungen, die eher Wissen verarbeiten, und Zentren, die eher Gefühle verarbeiten, zwischen dem Alter von fünf Jahren und 30 Jahren deutlich zunehmen. Und besonders stark ist diese Entwicklung zwischen sechs Jahren und 20 Jahren. Interessant ist, dass in diesem Alter Frauen oder Mädchen eine bedeutend raschere, stärkere und intensivere Entwicklung als Knaben oder Männer haben. Das heißt, die Verbindung von Wissen und Fühlen nimmt in diesem Alter sehr zu, und sie nimmt bei Frauen schneller zu als bei Männern. Das ist nicht primär sozial bedingt, sondern primär biologisch bedingt. Nur bei dieser Gelegenheit möchte ich erwähnen, dass diese Verbindungen auch nach diesem Alter noch weiter zunehmen. Und zwar nehmen sie bis zu einem Alter von etwa 50, 60 Jahren zu. Das heißt, mit 50, 60 Jahren sind unsere Verbindungen zwischen Wissen und Fühlen stärker als mit 20 Jahren. Manchmal wird das sogar mit einer gewissen Altersweisheit verbunden, aber das ist reinste Spekulation.

Die Werte im Kopf – der orbitofrontale Kortex

Betrachten wir die Verarbeitung von Gefühlen im Gehirn noch genauer. Zum einen werden Gefühle generiert, zum Beispiel Angst im Mandelkern oder der Amygdala (dem paarigen Kerngebiet des Gehirns) oder Glück im Nucleus accumbens (der Kernstruktur im unteren Vorderhirn). Hier spielen sich bestimmte Vorgänge ab, die sehr alt sind und auch im Tierreich vorkommen. Und die mit Gefahr einerseits und mit Annäherung andererseits eng verknüpft sind. Gleichzeitig wird das Ganze aber auch erlebt, diese Gefühle werden von uns wahrgenommen, und sie werden in die Informationsverarbeitung eingeschleift. Ich sehe aufgerissene Augen, das macht mir Angst. Ich erlebe aber nicht nur diese aufgerissenen Augen sozusagen als visuellen Eindruck, ich erlebe gleichzeitig auch die Angst.

Nun gibt es in meinem Frontalhirn Bereiche, die auch für Gutes und Schlechtes zuständig sind und die eng mit dem Riechhirn verknüpft sind. Sie liegen direkt über den Augen und werden »orbitofrontaler Kortex« genannt. *Orbita*, die Augenhöhle, frontal, vorne, ergibt das Gehirn, das vorne und über der Augenhöhle liegt. Es kommt so mit Gerüchen in Kontakt. Und die werden unmittelbar als gut oder schlecht bewertet. Der Riechsinn ist ja der einzige Sinn, der ohne Zwischenschaltung im Thalamus direkt in das Gehirn geht. Gut und schlecht sind aber nicht nur Gerüche. Gut oder schlecht kann auch ein anderer Mensch sein, eine Tat, eine Handlung oder irgendetwas Abstraktes. Nebenbei: Wenn wir heute sagen, wir können jemanden nicht riechen, dann meinen wir immer noch das enge Verhältnis zwischen Bewertung einerseits und Geruchssinn andererseits.

In dem Bewertungsareal orbitofrontaler Kortex sind also schon sehr früh über die Gerüche die Werte gut und schlecht angelegt. Wenn ich aber nun selber Gefühle habe, gute und schlechte, über Mandelkern und über Nucleus accumbens, dann werden diese Bewertungen auch im orbitofrontalen Kortex abgespeichert oder, wenn man so will, abgebildet. Genauso wie meine Hände im Gehirn abgebildet sind und dort ein »Handareal« vorhanden ist, so werden auch Werte und Bewertungen als Erlebnisse im Hinblick auf ihren Bewertungscharakter im Gehirn repräsentiert – von einem »Werteareal«, das für gute Werte oder auch nicht so gute Werte zuständig ist. Wobei die guten eher in der Mitte und die nicht so guten oder schlechten Werte eher weiter außen im orbitofrontalen Kortex jeweils auf der linken und der rechten Seite zu liegen kommen, wie mittlerweile mehr als vier Dutzend Studien relativ einheitlich gezeigt haben.

Diese Werte im Kopf, also abgespeicherte Bewertungen, können wiederum auch verwendet werden, um Verhalten zu steuern. Ich brauche also gar nicht meinen Mandelkern, um mir klarzumachen, dass etwas Bestimmtes nicht gut ist und ich es deswegen nicht tun sollte. Nein, mein orbitofrontaler Kortex reicht auch. Da habe ich nämlich genug Angsterlebnisse abgespeichert, die mir dann aufgrund dieser abgespeicherten Erlebnisse sagen: »Tu das lieber nicht.« Und dann bekomme ich erst gar keine Angst. Oder ich habe genug Glückserlebnisse abgespeichert, sodass ich gar keinen Nucleus accumbens brauche, um einen entsprechenden Wert zu aktivieren, der dann dafür sorgt, dass ich mich so oder nicht so entscheide.

Der orbitofrontale Kortex entwickelt sich als letztes Areal im gesamten Gehirn. Mit 15, 16 oder 17 Jahren ist er noch nicht wirklich fertig. Das hat eine ganze Reihe von wichtigen Konsequenzen. Wenn man beispielsweise bei einem Jugendlichen davon ausgeht, dass er schon über all seine entsprechenden Bewertungen verfügt und ihm deswegen zumutet, sein Verhalten auch aufgrund dieser abgespeicherten Bewertungen immer richtig zu steuern, dann überfordert man ihn letztlich. Wir konnten zeigen, dass das richtige Verhalten, das heißt das soziale normkonforme Verhalten, die Funktionsfähigkeit des orbitofrontalen Kortex' voraussetzt. Wir konnten zeigen, dass sich die Menschen umso normkonformer verhalten, je aktiver der orbitofrontale Kortex ist. Dass also beim normkonformen Sozialverhalten tatsächlich die Werte in Rechnung gestellt werden, das heißt, aktiviert werden, die das zielgerichtete, planvolle und sozialkonforme Verhalten leiten.

Wenn also ein 17-Jähriger ein Stück Pizza stiehlt, weil er Hunger hat und weil er nicht in Rechnung stellt, dass man das nicht tut – weil wenn man das tut, könnte man bestraft werden –, dann liegt das nicht daran, dass dieser Mensch besonders kriminell veranlagt ist. Nein, es liegt daran, dass vielleicht sein Frontalhirn noch nicht genügend entsprechende Bewertungen hat machen können, also noch nicht genug Werte gelernt hat oder die entsprechenden Erfahrungen einfach noch nicht machen konnte, vielleicht wegen einer ungünstigen Umgebung.

Oder es liegt vielleicht daran, dass die Heranreifung genau dieses Stückchens Gehirn noch nicht so weit fortgeschritten ist, dass diese Lernerfahrungen überhaupt gemacht werden konnten. Was auch immer der Fall ist: Dem 17-Jährigen zuzumuten, dass er sich genauso rational entscheidet und sich immer sozialnormkonform verhält wie ein 35-Jähriger, bedeutet, ihn zu überfordern.

Wenn wir also heute überlegen, ob wir Jugendliche härter bestrafen sollen, dann müssen wir uns überlegen, ob wir ihnen damit nicht zu viel zumuten. Natürlich sollten wir Jugendlichen sehr klar demonstrieren, was richtig und was falsch ist. Und es ist sicherlich auch wichtig, dass der erste Normenübertritt auch gleich geahndet wird, um eben zu zeigen, was richtig und was falsch ist, und Orientierung zu geben. Jemanden aber wegen eines gestohlenen Stück Pizzas lebenslänglich hinter Gitter zu bringen, wie dies in den USA in mehr als der Hälfte der Bundesstaaten möglich und geschehen ist, wird sicherlich dem Menschen und der Gehirnentwicklung in dem Zeitraum, mit dem wir uns hier beschäftigen, nicht gerecht.

Als Beispiel möchte ich den Fall Phineas Gage anführen. Wie sehr das »Menschsein« vom Funktionieren eines kleinen Hirnabschnitts abhängt, zeigt ein Unfall, der sich im Sommer des Jahres 1848 ereignete: Die Rutland and Burlington Bahngesellschaft ließ durch den Osten der Vereinigten Staaten Bahngleise verlegen. Gage und sein Bautrupp waren dabei, Felsen aus dem Weg zu sprengen. Gage, der dort als Vorarbeiter beschäftigt war, ließ ein Loch in den Felsen bohren, um dann eigenhändig zuerst Sprengpulver und danach Sand mit einer zwei Meter langen Eisenstange hineinzupressen. Dabei passierte ihm ein Missgeschick. Die Eisenstange traf direkt auf die Sprengladung, die augenblicklich explodierte. Als sich die Rauchschwaden verzogen hatten, lag der 25-Jährige am Boden, über und über mit Blut verschmiert, benommen, aber bei Bewusstsein. Durch die Wucht der Explosion war die sechs Kilogramm schwere Eisenstange durch seine linke Wange geschossen, hatte den vorderen Teil seines

Gehirns durchbohrt und war auf der Schädeloberseite wieder ausgetreten. Phineas Gage wurde von seinen Leuten zum Arzt gebracht. Er war bei vollem Bewusstsein. Und während Doktor Williams seine Wunde reinigte, erzählte er, wie es zu dem Unfall gekommen war. Zwei Monate später wurde Phineas Gage für geheilt erklärt. Und das Einzige, was von dem Unfall zurückblieb, war ein zerstörtes linkes Auge. Gage nahm seinen Job als Vorarbeiter bei Rutland and Burlington wieder auf, wo er mit offenen Armen empfangen wurde. War er doch ein fähiger Mann mit einem freundlichen Charakter. Doch schnell bemerkten Gages Arbeitskollegen dessen verändertes Wesen. Er fluchte auf abscheuliche Weise, war launisch, schlug auf seine Kollegen ein, benahm sich häufig wie ein kleines Kind und hatte doch die animalischen Leidenschaften eines starken Mannes, wie sein Arzt, Doktor Harlow, schrieb. Schon bald wurde Phineas Gage aus der Firma entlassen. Er tingelte eine Zeit lang durch das Land, verdiente sich seinen Lebensunterhalt als Schauobjekt im Zirkus und geriet immer wei-

ter in das soziale Abseits. Schließlich starb er verarmt und vereinsamt im Alter von 38 Jahren. Fast 150 Jahre später konstruierte die amerikanische Neurologin Hanna Damasio den Schädel von Phineas Gage und kam zu dem Ergebnis, dass die Eisenstange vor allem den medialen inneren Anteil des linken präfrontalen Kortex zerstört hatte. Dort, im vordersten Teil des Stirnhirns, liegt die neuronale Basis von Moral und sozialem Verhalten.

Pubertät: Gemütsschwankungen aufgrund von Hormonen und Hirnstrukturen

Die Pubertät ist das Alter der großen Gemütsschwankungen, in dem Hormone, aber auch Hirnstrukturen eine wichtige Rolle spielen. Wir haben unterhalb der Hirnrinde tief im Inneren des Gehirns zwei Strukturen, die hierbei von besonderer Bedeutung sind: die Amygdala oder den Mandelkern, der vor allen Dingen negative Emotionen verarbeitet, und den Nucleus accumbens, der positive Emotionen verarbeitet. Und das Wesentliche ist, dass die beiden in Verbindung mit dem Stirnhirn und mit den anderen Regionen des Gehirns stehen. Es ist wichtig, dass eine gewisse

Balance besteht zwischen Amygdala und Accumbens, sodass wir zu einem Ausgleich kommen zwischen negativen und positiven Gefühlen.

Studien haben nun etwas gezeigt, was noch nicht lange bekannt ist: Das Stirnhirn, das in direkter Verbindung mit Amygdala und Accumbens steht, hat auch einen direkten Effekt auf die Aktivität dieser Strukturen. Denn das Stirnhirn kann gewisse emotionale Reaktionen kontrollieren und unterdrücken oder verstärken. Also: Auch hier ist die Verbindung von Stirnhirn und den emotionalen Zentren von großer Bedeutung. Und so können wir vermuten, dass die starken Gefühlsschwankungen in der Pubertät erst durch das Stirnhirn wirklich kontrolliert werden können, wenn die Entwicklung zwischen 16 und 20 Jahren das Gehirn deutlich reifer gemacht hat.

Fassen wir noch einmal zusammen: Pubertät ist eine schwierige Lebensphase. Das Gehirn des Menschen wird umgebaut. Das heißt, es werden bestehende Strukturen eingerissen, und dann werden neue aufgebaut. Dabei orientiert sich der

Baumeister, der pubertierende Mensch, an seinen Erfahrungen, die er gerade macht. Sind es gute Erfahrungen, wird ein schönes Haus daraus werden. Sind es schreckliche Erfahrungen, wird die Baustelle vielleicht nie ganz fertig, es werden vor allem keine guten Strukturen entstehen, es wird vielleicht ein unschönes Gebäude daraus.

Der Pubertierende, der an sich baut, der sich selbst baut, der sich in der Zukunft entwirft, der das Problem lösen muss »Wer bin ich eigentlich?«, braucht vor allem eines: Verständnis. Nur dann schafft er es, eingebettet sozusagen in die weiche Umgebung eines verstehenden Erwachsenen, diese Aufgabe auch tatsächlich für sich zu lösen. Pubertät, das sind Fallstricke, das ist Reiberei, das ist Aufregung und vieles mehr. Es ist aber auch etwas ganz Schönes. Es ist das Werden eines erwachsenen Menschen, der unverwechselbar ist mit allem, was zu ihm gehört.

Es ist wichtig, dass wir Erwachsenen uns klarmachen, dass wir selbst einmal diese Metamorphose hinter uns gebracht haben: Aus der hässlichen

Raupe wurde ein wunderbarer Schmetterling. Und dass diese Phase keine leichte Phase war. Es ist wichtig, den Draht zum Baumeister auf der Baustelle immer zu behalten, das heißt, den Kontakt nicht abzubrechen. Und nicht einen ganz bestimmten Bauplan auf Teufel komm raus durchsetzen zu wollen. Das klappt nicht. Der Bauplan ist ohnehin schon da. Was aber daraus gemacht wird und wie die Ausführung im Einzelnen wird, das ist Aufgabe jedes einzelnen Menschen während der Pubertät selbst. Alles, was wir tun können, ist, dies zu begleiten, zu unterstützen und zu helfen, dass letztlich etwas Gutes daraus wird.

Über die Autoren

Prof. Dr. Dr. Manfred Spitzer, geboren 1958, leitet die Psychiatrische Universitätsklinik in Ulm und das Transferzentrum für Neurowissenschaften und Lernen. Er ist Autor zahlreicher Bücher, darunter der Bestseller *Digitale Demenz*. Er ist einer der bedeutendsten Gehirnforscher Deutschlands und versteht es wie niemand sonst, wissenschaftliche Erkenntnisse anschaulich und fundiert zu vermitteln.

Norbert Herschkowitz war Kinderarzt, Hirnforscher und renommierter Buchautor. Er leitete 25 Jahre lang die Abteilung für Entwicklung und Entwicklungsstörungen an der Universitäts-Kinderklinik in Bern. Zudem war er Mitbegründer der Schweizerischen Hirnliga. Er verstarb im Juli 2019.

80 Seiten
14,99 € (D) | 15,50 € (A)
ISBN 978-3-7474-0246-7

Manfred Spitzer

Das musikalische Gehirn

Wie Musik auf uns wirkt

Wie verarbeitet das menschliche Gehirn Musik? War Mozart wirklich ein musikalisches Genie? Oder wurde er von seinem Vater so lange gedrillt, bis er bereits als Kind meisterhaft musizieren konnte? Wer könnte auf solche Fragen besser antworten als der wohl bekannteste Hirnforscher Deutschlands und Bestsellerautor Manfred Spitzer? Leicht verständlich und unterhaltsam zeigt er, wie und wo das Gehirn Musik verarbeitet, wie Musik unser Gehirn plastisch formt und warum wir Liebeslieder als schön empfinden. Ein verblüffender Einblick in unser Gehirn, der uns einen vollkommen neuen Zugang zur Musik und ihrer Wirkung auf uns verschafft.

mvgverlag